Миллион рецептов

Д.В. Нестерова

ПИЦЦА, ПАСТА, ЛАЗАНЬЯ, РИЗОТТО

АСТ
ИЗДАТЕЛЬСТВО
Астрель
Полиграфиздат
МОСКВА

УДК 641
ББК 36.997
Н56

Оригинал-макет подготовлен студией «М-Пресс»

Серийное оформление
и компьютерный дизайн: *Г.В. Смирнова*

Нестерова, Д. В.
Н56 Пицца, паста, лазанья, ризотто / Д. В. Нестерова. – М.: АСТ: Астрель: Полиграфиздат, 2010. – 31, [1] с.: ил. – (Миллион рецептов).

ISBN 978-5-17-069971-1 (ООО «Издательство АСТ»)
ISBN 978-5-271-30345-6 (ООО «Издательство Астрель»)
ISBN 978-5-4215-1433-6 (ООО «Полиграфиздат»)

Пицца, паста, лазанья, ризотто — самые известные и любимые всеми блюда итальянской кухни. В этой книге хозяйки найдут новые оригинальные рецепты их приготовления и смогут порадовать себя и близких вкусными кушаньями.

УДК 641
ББК 36.997

СОДЕРЖАНИЕ

ПИЦЦА С ГРИБАМИ, МОЦАРЕЛЛОЙ И ОСТРЫМ ПЕРЦЕМ

Вам потребуется:

4 порции

35 минут

287 ккал

- 400 г теста для пиццы
- 300 г шампиньонов
- 150 г моцареллы
- 3 помидора
- 1 луковица
- 1 небольшой стручок красного острого перца
- 50 мл оливкового масла
- зелень орегано и петрушки
- соль

◆ Помидоры вымыть, обдать кипятком, снять кожицу и мелко нарезать. Лук очистить, вымыть, мелко нарезать. Острый перец вымыть, удалить плодоножку и семена, измельчить. Зелень петрушки и орегано вымыть, мелко нарезать. Шампиньоны промыть, нарезать небольшими кусочками. Моцареллу нарезать ломтиками.

◆ Для приготовления соуса спассеровать лук в оливковом масле, добавить помидоры и острый перец, посолить и тушить под крышкой до готовности.

◆ Тесто раскатать в тонкий пласт, переложить его на противень, смазать приготовленным соусом. Выложить сверху грибы и ломтики моцареллы, посыпать зеленью. Выпекать в разогретой до 200 °С духовке в течение 20–25 минут.

◆ Готовую пиццу выложить на блюдо и подать к столу.

ПИЦЦА С МИДИЯМИ

Вам потребуется:

4 порции **35 минут** **265 ккал**

- **готовая основа для пиццы**
- **200 г помидоров черри**
- **200 г замороженного мяса мидий**
- **150 г сыра**
- **1 небольшая луковица**
- **40 г маслин без косточек**
- **20 мл оливкового масла**
- **зелень укропа**
- **перец**
- **соль**

◆ Мидии слегка обжарить в оливковом масле, посолить и поперчить. Помидоры черри вымыть, разрезать пополам. Лук очистить, вымыть, нарезать кольцами. Зелень укропа вымыть, нарубить. Сыр натереть на терке, маслины разрезать пополам.

◆ Основу для пиццы посыпать сыром, выложить сверху мидии, лук, маслины и черри. Посыпать укропом, выпекать в разогретой до 200 °С духовке в течение 10–15 минут.

◆ Готовую пиццу выложить на блюдо и подать к столу

Пиццу на готовой основе можно быстро испечь в микроволновой печи.

ПИЦЦА С САЛЯМИ И ЧЕРРИ

Вам потребуется:

4 порции | 35 минут | 305 ккал

- ✓ готовая основа для пиццы
- ✓ 70 г майонеза
- ✓ 100 г шампиньонов
- ✓ 100 г салями
- ✓ 100 г помидоров черри
- ✓ 100 г соленого сала
- ✓ 50 г оливок без косточек
- ✓ 100 г сыра
- ✓ 1 луковица
- ✓ зелень петрушки

◆ Зелень петрушки вымыть, нарубить. Лук очистить, вымыть, нарезать кольцами. Помидоры черри вымыть, обдать кипятком, снять кожицу и нарезать половинками. Сало и салями нарезать небольшими кусочками, оливки — колечками. Сыр натереть на крупной терке.

◆ Основу для пиццы смазать майонезом и выложить сегментами начинку: половинки черри, подготовленные грибы, салями, лук, оливки и сало. Посыпать все сыром и зеленью петрушки, выпекать в разогретой до 200 °С духовке в течение 10–15 минут.

◆ Готовую пиццу выложить на блюдо и подать к столу.

Калорийность пиццы зависит прежде всего от ингредиентов, используемых для начинки.

Пицца с пармезаном и помидорами

Вам потребуется:

4 порции | 35 минут | 274 ккал

- ✓ 300 г теста для пиццы
- ✓ 2–3 помидора
- ✓ 1 луковица
- ✓ 40 г оливок без косточек
- ✓ 100 г тертого пармезана
- ✓ 20 мл оливкового масла
- ✓ 20 мл кетчупа
- ✓ зелень петрушки

◆ Помидоры вымыть, нарезать кружочками. Зелень петрушки вымыть, нарубить. Лук очистить, вымыть, нарезать кольцами. Оливки нарезать колечками.

◆ Тесто раскатать в тонкую круглую лепешку, выложить ее на противень и смазать кетчупом, смешанным с оливковым маслом. Выложить сверху помидоры, лук и оливки, посыпать пармезаном и зеленью петрушки. Выпекать в разогретой до 200 °С духовке 20–25 минут.

◆ Готовую пиццу выложить на блюдо и подать к столу.

Помидоры для пиццы лучше брать небольшие, с плотной мякотью.

ПИЦЦА С БЕЛЫМИ ГРИБАМИ И МОЦАРЕЛЛОЙ

4 порции | 35 минут | 298 ккал

Вам потребуется:

- ✓ 300 г теста для пиццы
- ✓ 250 г белых грибов
- ✓ 150 г моцареллы
- ✓ 1 луковица
- ✓ 30 мл оливкового масла
- ✓ 30 г маслин без косточек
- ✓ зелень петрушки
- ✓ перец
- ✓ соль

◆ Грибы промыть, нарезать тонкими ломтиками, обжарить в оливковом масле, посолить и поперчить. Лук очистить, вымыть, нарезать кольцами. Зелень петрушки вымыть, нарубить. Моцареллу нарезать тонкими ломтиками, маслины — колечками.

◆ Тесто раскатать в тонкую круглую лепешку, переложить ее на противень. Выложить на лепешку ломтики моцареллы, на них — грибы, лук и маслины. Посыпать петрушкой, выпекать в предварительно разогретой духовке до готовности.

◆ Готовую пиццу выложить на блюдо и подать к столу.

Вместо белых грибов для приготовления этой пиццы можно взять шиитаке или шампиньоны.

ПИЦЦА СО ШПРОТАМИ

Вам потребуется:

4 порции **35 минут** **316 ккал**

- **400 г теста для пиццы**
- **180 г консервированных шпрот**
- **3 помидора**
- **50 мл острого кетчупа**
- **100 г сыра**
- **30 г маслин без косточек**
- **2 зубчика чеснока**
- **1 стручок болгарского перца**
- **зелень укропа и петрушки**

◆ Помидоры вымыть, нарезать кружочками. Болгарский перец вымыть, удалить плодоножку и семена, нарезать полосками. Чеснок очистить, вымыть, растолочь. Зелень укропа и петрушки вымыть. Сыр натереть на крупной терке, маслины нарезать колечками.

◆ Тесто раскатать в тонкую круглую лепешку, переложить ее на противень. Смазать кетчупом, смешанным с чесноком, сверху выложить маслины, помидоры, болгарский перец и шпроты. Посыпать сыром, поставить в предварительно разогретую духовку на 20–25 минут.

◆ Готовую пиццу выложить на блюдо, украсить листиками укропа и петрушки и подать к столу.

Пиццу желательно подавать к столу сразу после приготовления. В крайнем случае можно разогреть ее в микроволновой печи.

Пицца с шампиньонами и анчоусами

Вам потребуется:

6 порций

60 минут

328 ккал

- ✓ 350 г муки
- ✓ 7 г сухих дрожжей
- ✓ 20 г сахара
- ✓ 30 мл оливкового масла
- ✓ 100 г томатного соуса
- ✓ 150 г консервированных анчоусов
- ✓ 250 г шампиньонов
- ✓ 50 г оливок без косточек
- ✓ 50 г сливочного масла
- ✓ 2 помидора
- ✓ 2 зубчика чеснока
- ✓ зелень петрушки
- ✓ соль

◆ Дрожжи развести в 50 мл теплой воды, добавить сахар, оставить на 15 минут в теплом месте. Муку просеять горкой на стол, сделать в середине углубление, влить в него дрожжи и оливковое масло, добавить соль и еще 200 мл теплой воды. Замесить эластичное тесто, накрыть его полотенцем и оставить на 30 минут.

◆ Зелень петрушки вымыть. Помидоры вымыть, нарезать кружочками. Чеснок очистить, вымыть, нарезать. Оливки нарезать колечками. Шампиньоны промыть, нарезать ломтиками, припустить в сливочном масле, посолить.

◆ Подошедшее тесто вымесить и тонко раскатать. Выложить пласт теста на противень, смазать томатным соусом. Сверху выложить кружочки помидоров, шампиньоны, оливки, чеснок и анчоусы. Выпекать в разогретой до 200 °С духовке в течение 20–25 минут.

◆ Готовую пиццу переложить на блюдо, украсить листиками петрушки и подать к столу.

ПИЦЦА С КОЛБАСОЙ, ГРИБАМИ И БОЛГАРСКИМ ПЕРЦЕМ

Вам потребуется:

- готовая основа для пиццы
- 100 г копченой колбасы
- 100 г шампиньонов
- 2 стручка болгарского перца
- 2 помидора
- 50 г сыра
- 50 г томатного соуса
- 2 зубчика чеснока
- зелень петрушки

4 порции

35 минут

276 ккал

◆ Чеснок очистить, вымыть, мелко нарезать. Болгарский перец вымыть, удалить плодоножку и семена, нарезать полукольцами. Помидоры вымыть, нарезать кружочками. Шампиньоны промыть, нарезать ломтиками. Зелень петрушки вымыть, нарубить. Колбасу нарезать маленькими кубиками, сыр натереть на терке.

◆ Основу для пиццы смазать соусом, выложить подготовленные продукты, посыпать сыром. Выпекать пиццу в предварительно разогретой духовке до готовности, перед подачей к столу посыпать петрушкой.

Для приготовления пиццы можно использовать различные сорта сыра, как твердые, так и мягкие.

ТАЛЬЯРИНИ С КРЕВЕТКАМИ И ШАМПИНЬОНАМИ

Вам потребуется:

4 порции

30 минут

289 ккал

- ✓ 400 г тальярини
- ✓ 300 г креветок
- ✓ 300 г шампиньонов
- ✓ 200 мл сливок
- ✓ 50 г сливочного масла
- ✓ зелень орегано
- ✓ перец
- ✓ соль

◆ Креветки разморозить, очистить. Грибы перебрать, промыть, крупно нарезать. Орегано вымыть, мелко нарезать.

◆ Грибы выложить на сковороду с растопленным сливочным маслом, жарить 3–4 минуты, затем добавить креветки, посолить и поперчить. Залить все сливками, довести на слабом огне до готовности.

◆ Тяльярини отварить в подсоленной воде, откинуть на сито, затем смешать с креветками и грибами. При подаче к столу добавить в блюдо орегано.

Разновидностей пасты (так в Италии называют макаронные изделия) насчитывается около 100. Все они отличаются формой и размерами.

ПЕННЕ С ЖАРЕНЫМИ МАСЛЯТАМИ И ПОМИДОРАМИ

2 порции

40 минут

321 ккал

Вам потребуется:

- ✓ 200 г пенне
- ✓ 200 г маслят
- ✓ 1 луковица
- ✓ 2 помидора
- ✓ 30 мл растительного масла
- ✓ 30 г сливочного масла
- ✓ зелень петрушки
- ✓ перец
- ✓ соль

◆ Макаронные изделия отварить в подсоленной воде, откинуть на дуршлаг, заправить сливочным маслом. Лук очистить, вымыть, мелко нарезать. Зелень петрушки вымыть, измельчить.

◆ Грибы перебрать, промыть, очистить, выложить на скороду с разогретым растительным маслом, добавить лук, посолить, жарить до готовности.

◆ Помидоры вымыть и нарезать ломтиками. Пенне, грибы и помидоры выложить в тарелку, посыпать зеленью петрушки, поперчить.

Вкуснее всего паста, приготовленная из твердых сортов пщеницы.

ФУЗИЛЛИ С БАЗИЛИКОМ И ЧЕРРИ

3 порции | 25 минут | 298 ккал

Вам потребуется:

- ✓ 350 г фузилли
- ✓ 150 г помидоров черри
- ✓ 100 г сыра
- ✓ 50 мл оливкового масла
- ✓ зелень базилика
- ✓ перец
- ✓ соль

◆ Помидоры черри вымыть. Зелень базилика вымыть, нарубить (несколько листиков оставить для украшения). Сыр натереть на крупной терке.

◆ Фузилли отварить в подсоленной воде, откинуть на сито, дать воде стечь. Переложить макароны в миску, добавить черри и базилик, поперчить, полить оливковым маслом, перемешать.

◆ Разложить фузилли по тарелкам, посыпать сыром, украсить оставшимися веточками базилика и подать к столу.

В Италии макаронные изделия не принято переваривать, они должны оставаться достаточно плотными.

СПАГЕТТИ С СЫРОМ И ПРЯНЫМИ ТРАВАМИ

 4 порции

 35 минут

 219 ккал

Вам потребуется:

- ✓ 500 г спагетти
- ✓ 150 г сыра
- ✓ 50 г кетчупа
- ✓ 40 мл оливкового масла
- ✓ 1 зубчик чеснока
- ✓ зелень петрушки, орегано и гвоздичного базилика
- ✓ соль

◆ Чеснок очистить, вымыть, измельчить. Зелень вымыть, нарубить (несколько веточек оставить для украшения). Сыр натереть на крупной терке.

Приготовить соус, смешав кетчуп с оливковым маслом и чесноком.

Спагетти отварить в подсоленной воде, откинуть на сито, выложить на блюдо в виде гнезд, полить соусом, посыпать зеленью и сыром. Украсить оставшимися веточками зелени и подать к столу.

Спагетти можно подавать и с различными готовыми соусами, выбор которых в настоящее время достаточно велик.

ПАСТА С ПОМИДОРАМИ И КОПЧЕНОЙ ВЕТЧИНОЙ

Вам потребуется:

4 порции

35 минут

312 ккал

- ✓ 400 г пасты
- ✓ 150 г сырокопченой ветчины
- ✓ 1 луковица
- ✓ 2–3 помидора
- ✓ 50 мл оливкового масла
- ✓ 1 зубчик чеснока
- ✓ 1 пучок рукколы
- ✓ перец
- ✓ соль

◆ Рукколу вымыть, обсушить, крупно нарезать. Ветчину нарезать очень тонкими ломтиками. Лук и чеснок очистить, вымыть, нарубить. Помидоры вымыть, крупно нарезать.

◆ Лук и чеснок выложить на сковороду с разогретым оливковым маслом, жарить 2–3 минуты, затем добавить помидоры, посолить, поперчить, довести до готовности на слабом огне.

◆ Пасту отварить в подсоленной воде, смешать с овощами и разложить по тарелкам. Сверху положить кусочки ветчины, посыпать рукколой.

Помидоры, предназначенные для приготовления соуса, желательно очистить от кожицы.

Спагетти с зеленью и черри

Вам потребуется:

2 порции | 35 минут | 231 ккал

- 100 г спагетти
- 3–4 помидора черри
- 1 огурец
- 30 г сливочного масла
- кетчуп
- зелень петрушки и укропа
- соль

◆ Помидоры и огурец вымыть, вырезать из них украшения. Зелень петрушки и укропа вымыть, измельчить.

◆ Спагетти отварить в подсоленной воде, откинуть на дуршлаг, заправить сливочным маслом, перемешать с зеленью, выложить в тарелку, украсить овощами, полить кетчупом.

Соусы для спагетти могут быть вегетарианскими, а можно приготовить их с рыбой, домашней птицей, мясом.

ПАСТА С РЫБОЙ И БОЛГАРСКИМ ПЕРЦЕМ

4 порции | 40 минут | 322 ккал

Вам потребуется:

- 350 г макаронных изделий
- 200 г филе подкопченной сельди
- 100 г сыра
- 100 мл сливок
- 1 яйцо
- 2 стручка болгарского перца
- зелень петрушки
- 20 мл оливкового масла
- перец
- соль

◆ Болгарский перец вымыть, удалить плодоножки и семена, нарезать полосками. Зелень петрушки вымыть. Филе сельди нарезать маленькими кусочками.

◆ Сыр натереть на крупной терке. Яйцо взбить со сливками, добавить перец и соль.

◆ Макароны отварить в подсоленной воде, откинуть на сито. Выложить в смазанную оливковым маслом форму, добавить рыбу, залить все яичной-сливочной смесью, перемешать и поставить на 10 минут в предварительно разогретую духовку.

◆ Смешать пасту с болгарским перцем, разложить по тарелкам, посыпать сыром и украсить листиками петрушки.

Пасту можно готовить с различными начинками, что позволяет легко разнообразить повседневное меню.

ФАРШИРОВАННЫЕ РАКУШКИ С ОСТРЫМ ТОМАТНЫМ СОУСОМ

Вам потребуется:

4 порции | 40 минут | 382 ккал

- 500 крупных ракушек для фарширования
- 350 г мясного фарша
- 400 г помидоров
- 1 стручок острого красного перца
- 1 луковица
- 1–2 зубчика чеснока
- 100 мл оливкового масла
- 100 мл бульона
- 10 г коричневого сахара
- зелень укропа
- перец
- соль

◆ Лук очистить, вымыть, мелко нарезать. Помидоры вымыть, нарезать кубиками. Острый перец вымыть, удалить плодоножку и семена, мелко нарезать. Чеснок очистить, вымыть, растолочь. Зелень укропа вымыть.

◆ Для приготовления соуса разогреть в сотейнике 70 мл оливкового масла, положить помидоры, готовить на слабом огне 7–10 минут. Добавить острый перец, чеснок, сахар и соль, влить бульон и варить на слабом огне еще 3–4 минуты.

◆ Мясной фарш обжарить на сковороде в оставшемся масле вместе с луком, посолить, поперчить. Ракушки варить в подсоленной воде почти до готовности, откинуть на сито, дать воде стечь. Наполнить фаршем, выложить в форму для запекания и залить соусом.

◆ Поставить в предварительно разогретую духовку на 10 минут. Готовые ракушки разложить по тарелкам, украсить веточками укропа и подать к столу.

ФАРФАЛЛЕ СО СВЕЖИМИ ОВОЩАМИ, КРАБОВЫМ МЯСОМ И МАСЛИНАМИ

Вам потребуется:

 4 порции

 35 минут

 329 ккал

- 300 г фарфалле
- 200 г крабового мяса
- 1 стручок болгарского перца
- 1 красная луковица
- 30 мл оливкового масла
- 20 г маслин без косточек
- зеленый лук
- соль

◆ Репчатый лук очистить, вымыть, нарезать кольцами. Зеленый лук вымыть, нарубить. Болгарский перец вымыть, удалить плодоножку и семена, нарезать маленькими кусочками. Маслины нарезать колечками, крабовое мясо — небольшими ломтиками.

◆ Фарфалле отварить в подсоленной воде, откинуть на сито, дать воде стечь и переложить в эмалированную емкость. Добавить болгарский перец, репчатый и зеленый лук, крабовое мясо и оливковое масло, перемешать.

◆ Разложить фарфалле по тарелкам, украсить колечками маслин и подать к столу.

Все виды пасты рекомендуется готовить незадолго до подачи к столу, в разогретом виде блюда из макаронных изделий не так вкусны.

ЛАЗАНЬЯ С ШАМПИНЬОНАМИ, ПОМИДОРАМИ И МАСЛИНАМИ

Вам потребуется:

4 порции

45 минут

363 ккал

- 8 листов лазаньи
- 400 г шампиньонов
- 50 г тертого пармезана
- 6 помидоров
- 1 небольшой цукини
- 100 мл оливкового масла
- 100 г консервированного зеленого горошка
- 50 г маслин без косточек
- 20 мл бальзамического уксуса
- 10 мл растительного масла
- зелень петрушки, базилика и орегано
- красный и черный молотый перец
- соль

◆ Шампиньоны промыть, нарезать ломтиками, обжарить на сковороде в оливковом масле (30 мл), переложить на тарелку. В той же сковороде обжарить вымытый и нарезанный небольшими кусочками цукини.

◆ Помидоры вымыть, два нарезать кружочками, оставшиеся — кубиками. Зелень вымыть, нарубить. Маслины нарезать колечками.

◆ Для приготовления соуса разогреть в сотейнике оставшееся масло, положить в него кусочки помидоров, тушить на слабом огне 10 минут, периодически помешивая. Добавить перец, соль и бальзамический уксус.

◆ Форму для лазаньи смазать растительным маслом и выложить в нее слоями листы лазаньи, выкладывая на каждый слой начинку из грибов, цукини, горошка, маслин и зелени. Каждый слой полить соусом, сверху выложить кружочки помидоров.

◆ Накрыть форму фольгой, поставить на 15 минут в предварительно разогретую духовку. Затем фольгу снять, посыпать лазанью пармезаном и запекать до готовности.

ЛАЗАНЬЯ С ИНДЕЙКОЙ И ШПИНАТОМ

Вам потребуется:

4 порции | 45 минут | 391 ккал

- 500 г листов лазаньи
- 500 г филе индейки
- 800 мл соуса бешамель
- 1 луковица
- 1 пучок шпината
- 50 мл оливкового масла
- 50 г тертого пармезана
- зелень базилика
- перец
- соль

◆ Филе индейки промыть, нарезать небольшими кусочками. Лук очистить, вымыть, мелко нарезать. Шпинат и базилик вымыть, нарезать.

◆ Кусочки индейки обжарить вместе с луком на сковороде с разогретым оливковым маслом, посолить и поперчить.

◆ В форму для запекания выложить слоями листы лазаньи, шпинат и индейку с луком, залить все соусом бешамель, накрыть форму фольгой и поставить в предварительно разогретую духовку на 30 минут. Затем фольгу снять, посыпать лазанью пармезаном и базиликом, запекать еще 5–7 минут.

Соус для лазаньи не должен быть слишком густым.

ЛАЗАНЬЯ С ГОВЯЖЬИМ ФАРШЕМ

4 порции | **45 минут** | **438 ккал**

Вам потребуется:

- 500 г листов лазаньи
- 600 г говяжьего фарша
- 2 луковицы
- 2 зубчика чеснока
- 100 г сыра
- 400 мл сливок
- 300 мл говяжьего бульона
- 50 г томатной пасты
- 50 мл оливкового масла
- зелень базилика
- перец
- соль

◆ Лук и чеснок очистить, вымыть, мелко нарезать, выложить на сковороду с разогретым оливковым маслом и жарить 2 минуты. Добавить фарш, посолить, поперчить и жарить, постоянно перемешивая, 5–6 минут.

◆ Зелень базилика вымыть. Сыр натереть на мелкой терке. Для приготовления соуса смешать подогретый бульон со сливками и томатной пастой.

◆ В форму для запекания выложить слоями листы лазаньи и фарш, залить все соусом. Накрыть форму фольгой и поставить в предварительно разогретую духовку на 30 минут. Затем фольгу снять, посыпать лазанью сыром, запекать еще 5–7 минут. При подаче к столу украсить лазанью листиками базилика.

Листы лазаньи не нужно отваривать перед запеканием, во время приготовления они должны пропитаться соусом и стать достаточно мягкими.

ЛАЗАНЬЯ С КРЕВЕТКАМИ

Вам потребуется:

4 порции

45 минут

289 ккал

- ✓ **500 г листов лазаньи**
- ✓ **200 г шпината**
- ✓ **400 г очищенных креветок**
- ✓ **300 мл сливок**
- ✓ **300 мл куриного бульона**
- ✓ **150 г сыра**
- ✓ **перец**
- ✓ **соль**

◆ Сыр натереть на мелкой терке. Шпинат вымыть, крупно нарезать.

◆ В форму для запекания выложить листы лазаньи, переслаивая их шпинатом и креветками и посыпая сыром. Залить все соусом, приготовленным из сливок, бульона, соли и перца.

◆ Накрыть форму фольгой и поставить в предварительно разогретую духовку на 25–30 минут. Затем фольгу снять, запекать лазанью до образования румяной корочки.

Для приготовления лазаньи с морепродуктами лучше использовать соусы с нейтральным вкусом.

ЛАЗАНЬЯ С ЦУКИНИ И МОЦАРЕЛЛОЙ

Вам потребуется:

4 порции

45 минут

228 ккал

- ✓ 500 г листов лазаньи
- ✓ 300 г моцареллы
- ✓ 2 молодых цукини
- ✓ 400 мл томатного соуса
- ✓ 400 мл овощного бульона
- ✓ 50 г тертого пармезана
- ✓ зелень базилика и орегано
- ✓ перец
- ✓ соль

◆ Цукини вымыть, нарезать кружочками. Зелень орегано и базилика вымыть, нарубить (несколько листиков оставить для украшения).

◆ В форму для запекания выложить листы лазаньи, переслаивая их цукини и моцареллой. Залить все соусом, смешанным с бульоном, рубленой зеленью, солью и перцем. Накрыть форму фольгой и поставить в предварительно разогретую духовку на 25–30 минут.

◆ Готовую лазанью подать, посыпав пармезаном и украсив листиками базилика.

Это блюдо — вегетарианская разновидность лазаньи. В него можно добавить и другие овощи по вкусу, например помидоры или горошек.

РИЗОТТО СО СПАРЖЕЙ, КРЕВЕТКАМИ И ЛИМОНОМ

Вам потребуется:

4 порции

50 минут

362 ккал

- ✓ **300 г риса**
- ✓ **200 г спаржи**
- ✓ **200 г очищенных креветок**
- ✓ **1 лимон**
- ✓ **800 мл куриного бульона**
- ✓ **100 мл сливок**
- ✓ **50 г сливочного масла**
- ✓ **перец**
- ✓ **соль**

◆ Спаржу вымыть, нарезать. Лимон вымыть, срезать цедру, выжать сок.

◆ Креветки и спаржу выложить на сковороду с растопленным сливочным маслом, добавить лимонный сок, посолить, поперчить, готовить 2–3 минуты. Затем добавить промытый рис и сливки, перемешать, влить немного подогретого бульона. Готовить ризотто на слабом огне, подливая бульон по мере испарения жидкости.

◆ При подаче к столу посыпать ризотто тонко нарезанной цедрой лимона.

Ризотто — итальянская разновидность плова. В отличие от восточного плова в ризотто рис не рассыпчатый, блюдо имеет скорее кашеобразную консистенцию.

Ризотто с креветками и имбирем

Вам потребуется:

- 150 г креветок
- 3 помидора
- 100 мл нежирных сливок
- 300 г риса
- 3 г имбиря, натертого на мелкой терке
- 200 г сметаны
- 50 г сливочного масла
- 75 г консервированной кукурузы
- 1 красная луковица
- 3 г молотого кориандра
- 3 г приправы карри
- 1 пучок зелени петрушки
- 15 мл оливкового масла
- соль

4 порции | 45 минут | 339 ккал

◆ Рис промыть, отварить. Креветки промыть, опустить в кипящую подсоленную воду, варить в течение 3 минут, а затем очистить. Зелень петрушки вымыть.

◆ Для приготовления соуса лук очистить, вымыть, мелко нарезать, обжарить в разогретом оливковом масле. Помидоры вымыть, очистить от кожицы, нарезать кубиками, добавить лук, имбирь и карри, перемешать, влить сливки и томить на слабом огне в течение 5 минут. Добавить сметану, перемешать, снять с огня, выдержать 5 минут. После этого добавить кориандр, выложить в приготовленный соус креветки.

◆ Рис смешать с консервированной кукурузой, подогреть на слабом огне, выложить на широкое блюдо, сверху положить креветки, полить соусом.

◆ При подаче к столу украсить мелко нарезанной зеленью петрушки.

Ризотто с беконом и вялеными помидорами

Вам потребуется:

2 порции | 50 минут | 394 ккал

- 200 г риса
- 100 г бекона
- 100 г вяленых помидоров
- 1 луковица
- 800 мл мясного бульона
- 50 г сливочного масла
- зелень базилика
- перец
- соль

◆ Зелень базилика вымыть. Лук очистить, вымыть, мелко нарезать. Бекон и вяленые помидоры нарезать небольшими кусочками.

◆ Лук выложить на сковороду с растопленным сливочным маслом, жарить 2–3 минуты, после чего добавить бекон, помидоры и промытый рис, посолить, поперчить. Залить все теплым бульоном так, чтобы он слегка покрывал содержимое сковороды, готовить на слабом огне под крышкой, доливая бульон по мере испарения жидкости.

◆ Разложить ризотто по тарелкам, украсить листиками базилика.

В ризотто можно добавлять практически любые пришедшиеся по вкусу продукты: овощи, мясо, копчености, рыбу, морепродукты.

РИЗОТТО С ФИЛЕ КУРИЦЫ

Вам потребуется:

3 порции

50 минут

378 ккал

- ✓ 200 г риса
- ✓ 300 г филе курицы
- ✓ 3 моркови
- ✓ 2 луковицы
- ✓ 20 мл растительного масла
- ✓ 30 г сливочного масла
- ✓ 50 г брокколи
- ✓ 50 г консервированной кукурузы
- ✓ перец
- ✓ соль

◆ Филе курицы промыть, нарезать кубиками. Морковь вымыть, очистить, нарезать соломкой. Лук очистить, вымыть, нарезать полукольцами.

◆ Филе курицы, морковь и лук выложить в глубокую сковороду с разогретым растительным маслом, обжарить на сильном огне, посолить, поперчить, добавить рис, влить 250 мл воды. Варить в течение 20 минут на слабом огне, периодически помешивая и доливая при необходимости воду, положить сливочное масло. Ризотто перемешать, варить 1–2 минуты на слабом огне, накрыть крышкой, укутать и оставить на 15 минут.

◆ Брокколи вымыть, отварить в подсоленной воде, остудить, разобрать на соцветия.

◆ Ризотто выложить на блюдо, украсить брокколи и консервированной кукурузой.

РИЗОТТО С КОРОЛЕВСКИМИ КРЕВЕТКАМИ

Вам потребуется:

3 порции | 50 минут | 377 ккал

- ✓ 300 г риса
- ✓ 15 королевских креветок
- ✓ 2 помидора
- ✓ 1 луковица
- ✓ 1–2 зубчика чеснока
- ✓ 2–3 стебля спаржи
- ✓ 50 г сливочного масла
- ✓ 1 л куриного бульона
- ✓ зелень орегано
- ✓ перец
- ✓ соль

◆ Креветки отварить в подсоленной воде, очистить. Помидоры и спаржу вымыть, нарезать небольшими кусочками. Лук и чеснок очистить, вымыть, измельчить. Зелень орегано вымыть, нарубить.

◆ Лук и чеснок выложить на сковороду с разогретым сливочным маслом, жарить до прозрачности. Затем добавить помидоры, спаржу и промытый рис, посолить, поперчить, залить частью бульона. Готовить ризотто под крышкой, периодически подливая бульон.

◆ Разложить ризотто по тарелкам, сверху выложить креветки, посыпать орегано и подать к столу.

Для приготовления ризотто можно использовать мясной, куриный, грибной или овощной бульон.

РИЗОТТО С ШАМПИНЬОНАМИ И ГОРОШКОМ

Вам потребуется:

4 порции

45 минут

373 ккал

- ✓ 300 г риса
- ✓ 200 г шампиньонов
- ✓ 200 г зеленого горошка
- ✓ 1 луковица
- ✓ 50 г сливочного масла
- ✓ 1 л куриного бульона
- ✓ перец
- ✓ соль

◆ Зеленый горошек вымыть. Лук очистить, вымыть, мелко нарезать. Шампиньоны промыть, нарезать ломтиками.

◆ В глубокой сковороде растопить сливочное масло, выложить лук, жарить 1–2 минуты, затем добавить горошек и грибы, посолить, поперчить и жарить еще 3 минуты.

◆ После этого выложить в сковороду промытый рис, влить 300 мл подогретого бульона, перемешать и накрыть крышкой. Довести ризотто до готовности, подливая бульон по мере испарения жидкости.

При подаче к столу это блюдо можно посыпать мелко нарезанной пряной зеленью.

Популярное издание

Нестерова Дарья Владимировна

ПИЦЦА, ПАСТА, ЛАЗАНЬЯ, РИЗОТТО

Редактор *А.Г. Красичкова*
Компьютерная верстка: *Н.А. Гусева*
Корректор *Е.Н. Суханова*

Фотографии представлены
студией «М-Пресс»

Подписано в печать 01.10.10. Формат 60x100/ 16.
Усл. печ. л. 2,22. Тираж 10 000 экз. Заказ № СБ 1589.

Общероссийский классификатор продукции ОК-005-93, том 2;
953004 — научная и производственная литература

Санитарно-эпидемиологическое заключение
№ 77.99.60.953.Д.012280.10.09 от 20.10.2009 г.

ООО «Издательство АСТ»
141100, Россия, Московская область, г. Щелково, ул. Заречная, д. 96
Наши электронные адреса:
WWW.AST.RU E-mail: astpub@aha.ru

ООО «Издательство Астрель»
129085, г. Москва, проезд Ольминского, 3а

Типография ООО «Полиграфиздат»
144003, г. Электросталь, Московская обл., ул. Тевосяна, д. 25